AF209007

AKASHA-CHRONIK

LICHT UND GÖTTLICHES BEWUSSTSEIN

Margrit Seelig de Boll

FSC

www.fsc.org

MIX

Papier aus ver-
antwortungsvollen
Quellen
Paper from
responsible sources

FSC® C105338

Akasha-Chronik
Licht und göttliches Bewusstsein
Margrit Seelig de Boll

1. Auflage
April 2016

© 2016 by Margrit Seelig de Boll

Korrektorat & Satz: Petra Schmidt
Covererstellung: Henry Damaschke
Illustrationen: Plamen Kapitanski
Herstellung und Verlag: BoD-Books on Demand, Norderstedt

Die Buch- und Cover-Rechte liegen bei der Autorin.
Das Werk ist urheberrechtlich geschützt.
Jede Verwertung und Vervielfältigung – auch auszugsweise –
ist nur mit ausdrücklicher schriftlicher Genehmigung der
Autorin gestattet. Alle Rechte, auch die der Übersetzung des
Werkes, liegen bei der Autorin. Zuwiderhandlung ist strafbar
und verpflichtet zu Schadenersatz.

Bibliografische Information der Deutschen Nationalbibliothek:
Die Deutsche Nationalbibliothek verzeichnet diese Publikation
in der Deutschen Nationalbibliografie; detaillierte bibliografische
Daten sind im Internet über http://dnb.d-nb.de abrufbar.

ISBN: 978-3-84236-640-4

Dieses Büchlein ist meinem geliebten Sohn Tilmann

in großer Dankbarkeit gewidmet.

Über das Buch

»Akasha-Chronik – Licht und göttliches Bewusstsein« entstand in Zusammenarbeit zwischen der Mystikerin Margrit Seelig de Boll und dem renommierten, spirituell inspirierten Kunstmaler Plamen Kapitanski. Beide wurden auf wundervolle Weise im richtigen Augenblick zusammengeführt. Sie bemerkte während des Schreibens ihrer Vision, dass er das bereits gemalt hatte, was ihr »von innen her« gegeben worden war.

Möge das Büchlein dazu beitragen, das göttliche Licht in sich zu entdecken, um fähig zu werden, sich seines Ursprungs als ewiges Bewusst-SEIN zu erkennen.

Über die Autorin

Margrit Seelig de Boll, am 8. Juli 1934 in Kassel geboren, studierte an der Musikakademie der Stadt Kassel, welche sie 1957 mit einem Diplom abschloss. Sie lebte 20 Jahre mit ihrem Mann, Verkaufs- und Stations-Leiter bei der Lufthansa, und ihren drei Kindern im Ausland, u. a. in Palma de Mallorca, Ankara/Türkei, Caracas/Venezuela, Torino/Italien, später in Castaneda/Südschweiz.

Während ihrer Auslandsaufenthalte kam sie 1970 in Berührung mit »The Infinite Way«, der durch den jüdisch-amerikanischen Mystiker Joel. S. Goldsmith (1892–1964) ans Licht kam und seither ihm und seinen Schülern gefolgt ist.

1988 lernte sie in Torremolinos/Südspanien den Mystiker und Auschwitz-Überlebenden David (1935–2009) kennen, den sie 22 Jahre betreute. Sie schrieb seine Lebensgeschichte »Ein Stern am Horizont – denn sie starben für dich und mich«, die 2010 auf der Frankfurter Buchmesse vorgestellt wurde.

Seit 1999 lebt die Autorin bei ihrem unverheirateten Sohn Tilmann in Kelsterbach direkt am Frankfurter Flughafen. Ende Juni 2015 erschien bei Amazon das Gebet-Büchlein »Der Rosenstrauch« mit 25 Gebeten, Erkenntnissen, Erfahrungen und Erlebnissen von ihr als Mystikerin.

Anfang des Jahres 2016 wurde ihr Einblick in die Geschichte der Schöpfung gegeben, wie sie in der Akasha-Chronik aufgeschrieben ist. Zur gleichen Zeit stellte ihr der Kunstmaler Plamen Kapitanski eine Freundschafts-Anfrage bei Facebook. Von den Bildern in seiner Chronik sehr berührt, bejahte Margrit Seelig de Boll seine Anfrage. Es stellte sich heraus, dass das, was ihr in der Vision zuteil geworden war, von ihm bereits gemalt wurde.

Über den Maler

Plamen Kapitanski wurde am 18. April 1964 in Sofia, der Hauptstadt von Bulgarien geboren. Mit vier Jahren fiel seine malerische Begabung bereits auf. In jungen Jahren akzeptierte man ihn an der Kunstschule »The Bulgarian State Collage of Art« und mit 19 Jahren erhielt er bereits sein Master-Diplom, studierte aber noch sechs weitere Jahre an der »Bulgarian Academy of fine Arts«. Anschließend hatte er Ausstellungen in vielen europäischen Großstädten.

1999 zwang ihn eine bösartige Allergie zu einer Ruhepause, die er nutzte, um in Bulgarien einige Klöster aufzusuchen. Unter anderem kam er in Berührung mit der letzten bulgarischen Prophetin und Priesterin Stoyna, die ihn tief berührte und verwandelte. Er malte sie in vielen Gemälden. Viele Menschen sagen aus, die Gemälde hätten positive Auswirkungen auf ihre Gesundheit.

Geheilt, ging er für sieben Jahre nach London und stellte in dieser Zeit seine Bilder in mehreren europäischen Großstädten aus. Plamen Kapitanski wurde dadurch weltweit bekannt, genießt größte Hochachtung und einen sehr guten Ruf. Seine Gemälde hängen nicht nur im Vatikan (»Die Madonna«), im Tower von London (»Portrait of Richard the Lionheart«), sondern in vielen privaten Haushalten in der ganzen Welt.

Inhaltsverzeichnis

ERSTER TEIL

OFFENBARUNG DURCH EINE VISION

Abbildung 1 (Cover): Die göttlichen Bewusst-Seins-LICHT-Wesen

DIE AKASHA-CHRONIK
UND DIE ENTDECKUNG VOM LICHT

Die Vision

Es geschah in einer ruhigen Nacht: Völlig unerwartet sehe ich mich in einem orangefarbigen, sehr weichen, bequemen Sessel sitzen. Innerlich nun hellwach, schaue ich nach oben. Dort hängen aus der niedrig wirkenden, schwarzen Decke unterschiedlich lange, abgeschnittene Rohre oder Stahlträger zu mir herunter, die mich an eine Collage erinnern. Dies alles wird von einem Regenbogen farbigen Lichts umspielt, sodass ich den Eindruck habe, die Decke lebe.

Neben meinem Sessel stehen zwei weitere orangefarbige, auf denen mit geschlossenen Augen zwei mir unbekannte Personen sitzen, die still dem zuhören, der da spricht. Der Boden ist, wohin ich auch blicke, mit einem orangefarbigen Velours-Teppich ausgelegt. In der Mitte meiner Sesselrunde steht ein kleiner Baum, dessen Wurzeln sichtbar sind, wie die eines Brotbaums. Das Bäumchen hat außerdem sehr tief hängende Zweige, ähnlich einer Trauerweide. Es besteht eine Symbiose zwischen dem Baum und den Sesseln – ohne Baum keine Sessel. Die gleichen drei Sessel, mit dem Baum in der Mitte, befinden sich mehrfach auf unterschiedlichen Ebenen im Raum verteilt, die durch Rampen zu erreichen sind. Überall liegen dicke, orangefarbige Teppiche, auch alle Wände sind damit bekleidet. Es ist keine einzige gestrichene Wand, weder eine Holz- noch eine Betonwand irgendwo zu sehen.

Hoch oben über alledem thront und spricht ein junger, etwa 30-jähriger Professor, mit blonden lockigen und offenen, über die Schultern hin hängenden langen Haaren. Er trägt eine runde Nickelbrille und ein regenbogenfarbiges Gewand. All die Menschen, die überall in den Sesseln sitzen, lauschen still seinen Worten, die er aus der Akasha-Chronik rezitiert.

Die Akasha-Chronik

Anmerkung:
Die Akasha-Chronik ist mir bereits seit Langem durch den
Amerikaner Edgar Cayce (1877–1945) bekannt, der sich selbst in
Hypnose versetzen und daraus vorlesen konnte, welches von seiner
Frau oder Helfern aufgeschrieben wurde.

Die Akasha-Chronik, ein dickes großes Buch, dessen Umschlag ebenso orangefarbig ist, liegt vor mir aufgeschlagen auf meinem Schoß. In ihr sind nicht nur meine persönlichen Lebenserfahrungen, sondern alle Lebenserfahrungen der gesamten Menschheit, alle ihre Erlebnisse, Erkenntnisse und Erfahrungen sowie sämtliche Wissenschaften und Forschungen aufgeschrieben und dadurch für alle Zeiten festgehalten.

Auch ich höre dem Professor aufmerksam zu. Da ich jedoch zu weit weg von ihm sitze, kann ich seine Worte nicht so recht verstehen. Ich versuche sie daher, aus dem Buch vor mir nachzulesen. Als ich es näher zu mir heranziehe und gerade die Schrift gut erkennen kann, irritieren mich Bewegungen, die vor meinen Augen herumhuschen und mich vom Lesen abhalten. Zu meinem Erstaunen blicke ich über das Buch hinweg in tiefe Dunkelheit und glaube darin körperlose Wesen wahrzunehmen, die sich spielerisch hin und her bewegen. Urplötzlich werden sie von hellem Licht überrascht, entdecken es und spielen damit.

Anmerkung:
Damit ich Nachfolgendes besser verstehen und nachvollziehen kann,
wird mir in einem »hellblau schimmernden Licht-Ton« eine bereits
fertige, felsige Ebene gezeigt, in deren Mitte ein größerer Lichtbaum
steht, ähnlich der Bäume bei den Sesseln. Weit um den Baum herum
wachsen lichte Pflanzen, die wie nach einem starken Regen überall
hervorsprießen.

Die Rüstungen

Abbildung 2: Die Rüstung

Im gleichen Augenblick erkenne ich eine gewölbte Schulter, die von einer Rüstung her stammen könnte. Im Spiel mit dem Licht leuchtet die gewölbte Schulterpartie hell filigran durchsichtig. Sobald sich das Teil der Schulter bewegt, hinterlässt es einen Lichtschweif, zu vergleichen mit einer schnell verglühenden Sternschnuppe. Dann kommt ein Bein von der Rüstung dazu, welches ebenfalls hell filigran leuchtet und bei jeder Bewegung einen kurzen Lichtschweif hinterlässt. Auch alle nachfolgenden Rüstungsteile, die man nun zu einer ganzen Rüstung nach und nach zusammensetzt, hinterlassen beim »Sichtbarwerden« einen solchen Lichtschweif. Aus der nun vollständigen Silhouette der gesamten äußeren Rüstung leuchtet zart eine helle Lichtgestalt, die klar zu erkennen ist.

Anmerkung:
Es muss besonders hervorgehoben werden, dass die oben erwähnte vorbereitete felsige Ebene mit Baum und Pflanzen auf dieselbe Art entstanden ist wie die eben geschilderte Entstehung der Rüstung.

Manifestationen

Vom Spiel der Wesen mit dem Licht fasziniert, kann ich meinen Blick nicht mehr vom derzeitigen Geschehen abwenden, welches sich direkt vor meinen Augen abspielt. Durch weitere Manifestationen machen sich die Wesen mehr und mehr sichtbar. Alle Bewusst-Seins-Wesen, auch Seelen genannt, sind kindlich, körperlos und unwissend, daher unschuldig. Sie kommen als Bewusst-Seins-Licht-Wesen aus dem göttlich-geistigen, unendlichen, unsterblich-ewigen Bewusstsein des UNENDLICH UNSICHTBAREN, Gott genannt, Vater und Schöpfer zugleich, mit dem sie untrennbar bis in alle Zeit und Ewigkeit verbunden sind. Da Gott Vollkommenheit, Licht, Liebe und Frieden ist, sind auch sie vollkommen, sind Licht, Liebe, Frieden und alles das, was Gott ist.

Abbildung 3: Baum-Bewusst-Seins-Licht-Wesen

Ich kann im Vordergrund meiner Vision sehr deutlich ein großes Blatt erkennen. Es scheint ein Ahornblatt zu sein. Ein Bewusst-Seins-Wesen, eine Seele nutzt es als eine Art Rüstung, schimmert klar als ein filigran helles Licht-Wesen durch das Blatt hindurch. Doch nicht nur das Blatt, sondern vielerlei Formen benutzen sie jetzt, wie zum Beispiel eine Wurzel, eine Blume, ein Baum, ein Stein und tausend andere Dinge, um sich auf die gleiche Weise als Licht-Wesen sichtbar zu machen und bei allen Bewegungen einen Lichtschweif zu hinterlassen.

Ja, sie erscheinen selbst als Pferd, Kuh, Gans, Löwe, um nur einige wenige Tiere zu nennen. Es sind zunächst Einzelteile von Tieren, mal ist es ein Bein, ein Hals, ein Schwanz, ein Kopf oder Körper, durch die sie sichtbar werden. Zusammengesetzt erkennt man Tier-Gestalten, wie man sie heute hier auf Erden kennt, aber die weder klein noch groß sind. Die Lichter dieser Wesen schimmern immer wieder hell und klar durch alle diese äußeren, zunächst unfertigen, dann aber fertigen Tier-Rüstungen hindurch und hinterlassen bei jeder Bewegung ebenfalls einen Lichtschweif. Sie sind Ausdruck des göttlich-geistigen, unsterblich-ewigen Bewusstseins, die nun in tierischer oder pflanzlicher Gestalt sichtbar in Erscheinung zu treten.

Anmerkung:
Da es in der Realität weder Raum noch Zeit gibt, erstreckte sich diese Entwicklung über Äonen oder über einen Wimpernschlag, je nach Sichtweite des Betrachters.

Abbildung 4: Tier-Bewusst-Seins-Licht-Wesen

VERWANDLUNG

Die Bewusst-Seins-Licht-Wesen oder Seelen bemerken zwar beim kindlichen Spiel mit den Rüstungen Unterschiede, doch da man nichts von einer Weiblichkeit oder Männlichkeit weiß, ist man überrascht, in einer der filigran-durchsichtigen, hellen Licht-Rüstungen eine lichte Babygestalt wahrzunehmen, die sich langsam zu entwickeln scheint. Dann geschieht das Wunder der Geburt. Die Bewusst-Seins-Licht-Wesen oder Seelen wollen nun dieses Wunder der Geburt auch erleben. Jeder möchte es selbst fühlen und spüren. Das ist schließlich der ausschlaggebende Grund, warum sie zu Menschen werden wollen und sich eine neue Rüstung aus Fleisch und Blut erschaffen. Sie verwandeln nun die erste geschaffene, aufrecht stehende Rüstung, durch die ihr helles Licht-Wesen sichtbar wurde, auch jetzt wieder ein Glied nach dem anderen in eine menschliche Gestalt und schaffen einen Körper aus Fleisch und Blut. Indem sie das tun, hüllen sie ihr göttlich-geistiges, vollkommenes Licht-Bewusst-Seins-Wesen in eine feste Form, sodass ihr Licht jetzt in dieser äußeren festen Körpergestalt gefangen ist.

> *Anmerkung:*
> *Auch hier muss darauf hingewiesen werden – da es in Wirklichkeit weder Raum noch Zeit gibt –, dass sich auch diese Entwicklung über Äonen oder einen Wimpernschlag erstreckte, je nach Sichtweite des Betrachters.*

Da sich die bisher filigran-durchsichtigen, hellen Licht-Gestalten nun mit festen Körpern aus Fleisch und Blut umhüllt haben und ihr göttliches Licht darin gefangen ist, verlieren sie in diesem Augenblick ihre Licht-Durchsichtigkeit. Nun kommt der Tod mit ins Spiel, den ebenfalls jeder selbst erleben möchte. Auch die Rüstungen der bis dahin filigran-durchsichtigen Tier-Licht-Gestalten umhüllen sie mit Fleisch und Blut und dadurch werden auch diese zu festen Körpern.

Ebenso betten sie die durchsichtigen hellen Licht-Pflanzen in feste Formen ein. Dadurch verlieren alle ihre Durchsichtigkeit.

Die zu »Mensch gewordenen Bewusst-Seins-Licht-Wesen« sind nun nicht mehr in der Lage, sich als ursprüngliche Licht-Wesen zu erkennen. Sobald sie geboren werden, vergessen sie, dass nicht nur sie, sondern alles um sie herum ursprünglich göttlich-geistige, unsterbliche, vollkommene Bewusst-Seins-Licht-Wesen sind, die nun in einem vergänglichen Körper, in individueller Gestalt hier auf Erden eine Zeit lang zwischen Geburt und Tod leben.

Anmerkung:
Hellsichtigen Menschen ist es jedoch weiterhin möglich, in bestimmten Momenten die jeweilige »Aura« über den Köpfen von Menschen – jeweils einen kleinen, großen oder gar strahlenden Lichtschweif, je nach geistig-spiritueller Entwicklung – zu erkennen.

Als Mensch mit einem Bewusstsein, fünf Sinnen und funktionierender körperlicher Gestalt will man nicht länger nur spielen, sondern lernen, Wissen ansammeln, Dinge erforschen, Erkenntnisse gewinnen, seine Begabungen und Fähigkeiten auf vielerlei Arten weiterentwickeln und zum Ausdruck bringen. Man möchte möglichst viele Erfahrungen sammeln und durch so manches Abenteuer es selbst erleben.

Bis zu dieser Stelle erlebte ich meine nächtliche Vision, die mich am nächsten Tag und viele Tage danach weiter beschäftigte, mich nicht mehr los ließ, sodass ich begann, sie aufzuschreiben.

Der Mensch heute

Ist es bis heute nicht noch genau so? Jeder will es selbst erleben, lernt selten vom Anderen. So geht die Entwicklung ununterbrochen weiter. Der Mensch als göttliches Bewusst-Seins-Wesen hat die Möglichkeit, alles Wissen aus diesem Bewusstsein hervorzuholen und es dann in jeglicher Richtung hin zu erforschen und auszuprobieren. Da man sich jedoch seines Ursprungs nicht mehr bewusst ist, läuft es in die falsche Richtung. Man fängt an, sich gegenseitig seine äußeren Gestalten zu zerstören und richtet dadurch unermessliches Leid an. Waffen werden entwickelt, die immer effektiver den Feind in großer Anzahl auf einmal zu töten imstande sind. Diese Waffen produziert man in Massen und verkauft sie für viel Geld in alle Welt. Dort werden sie überall auf den Schlachtfeldern rücksichtslos ausprobiert und angewandt.

Mit dieser Kriegs-Maschinerie verschiedenster Art vollzieht der Mensch die grausamsten Tötungen. Die Gründe dafür sind unterschiedlich. Mal ist es ein Kampf um mehr Macht, dann um Land, um Rohstoffe oder religiöse Auffassungen. Man zerstört einer anderen Nation einst blühende Städte, hinterlässt hunderttausend Tote und verursacht eine Massenflucht. Die Fliehenden suchen Schutz unter unsäglichen Strapazen in friedlichen Ländern, in denen kein Krieg herrscht. Doch nun müssen sie erleben, dass so manches Land ihnen gegenüber kein Verständnis zeigt. Mit teils krasser Verweigerung werden sie wegen anderer Religion, Sprache, anderen Sitten und Gebräuchen abgelehnt und ihnen wird die Zuflucht verwehrt. Deutlich ist an dieser Verhaltensweise, die offen zutage tritt, zu erkennen, wie wenig überhaupt an Menschlichkeit, Brüderlichkeit und Nächstenliebe gelernt wurde. Es geht also immer noch weiter in die falsche Richtung und entfernt sich vom wahren Inneren, seinem göttlichen Sein. Auch das Erforschen mit Raumschiffen – nach der Erkundung vom Mond steht nun der Mars im Visier, dort Bedingungen vorzufinden, die menschliches Überleben Einzelner gewährleistet, mit dem Hintergedanken, die Menschheit nicht aussterben zu lassen – muss man hinterfragen, ob das der richtige Schritt in die richtige Richtung ist.

Mit den heutigen rasanten digitalen Erfindungen aller Art vereinfachen sich zwar die Menschen auf der ganzen Welt ihr Leben, sie merken jedoch dadurch selbst nicht mehr, dass sie sich noch viel weiter von ihrem inneren Sein, dem göttlichen Licht entfernen. Sie leben nur noch ein Leben im Äußeren, verlieren den direkten Kontakt zu ihren Nächsten, zur Natur und Umwelt und kennen oft vieles nur noch aus Bildern.

Tiere, Vegetation und Umwelt

Die Tiere hat man zu einer Zeit für alle möglichen Tätigkeiten genutzt, doch heute dienen sie überall auf der Welt mehr der Massen-Ernährung. Diese Tierhaltung wird jedoch in einer erbarmungslosen Art und Weise durchgeführt und in einem Umfang, der kaum noch zu überbieten, völlig außer Kontrolle geraten und schon gar nicht mehr zu verantworten ist. Die Vegetation nutzten die Völker schon immer als Nahrung, doch man hat so manches verändert und genmanipuliert. Um an Mineralien, wie Öl, Kohle, Gas, seltene Erde, Palmöl, Holz und Gold heranzukommen, wird oft aus Geldgier, ohne Rücksicht auf Mensch, Tier und Natur, die Erde verbrannt, abgeholzt, ausgeplündert und verwüstet und dadurch nicht nur aus dem Gleichgewicht, sondern viele Länder werden ohne Mitleid an den Abgrund ihrer Existenz gebracht. Es zeigt deutlich, dass der Mensch auch hier den wahren Ursprung von sich selbst, den Tieren und seiner Umwelt verloren hat.

Anmerkung:
Die Entwicklung der Menschheit bleibt nicht stehen. Bis der Mensch aus seiner Hypnose erwacht – in der er glaubte, er sei Fleisch und Blut, mit dem Tod sei alles zu Ende und aus –, und einmal fähig wird, sich zurückzubesinnen, um erneut zu lernen, sich als göttliches, geistiges, unsterbliches Bewusst-Seins-Licht-Wesen zu verstehen und mit allen Nächsten, ob Mensch, Tier oder Umwelt, die ja auch, wie man selbst, Licht-Wesen in einer äußeren körperlichen Rüstung sind, respektvoll, liebevoll und sorgsam umzugehen, wird es unabsehbare Zeit oder nur einen Augenblick beanspruchen.

Das EINE Leben

Nun lebten die Bewusst-Seins-Wesen, bis zur Geburt von Jesus Christus, weiterhin in geistiger Dunkelheit als Menschen zwischen Geburt und Tod in einem sterblichen, vergänglichen Körper hier auf

Erden. Je nach individueller Vorstellung vervielfältigten die vormals Licht-Wesen immer wieder die EINE, einstmals aus vielen einzelnen Teilen zusammengesetzte Rüstung beiderlei Geschlechts. Das Wissen um sein wahres Sein geriet jedoch zu diesem Zeitpunkt beim Individuum, sobald es geboren ist, in Vergessenheit. Und man vergisst auch, dass Gott das geistige Bewusstsein, ihr Schöpfer und der Schöpfer dieser Erde ist. Einer Erde, die auch von Anbeginn an eine ebenfalls geistig-hell-filigrane, durchsichtige Licht-Gestalt war und sich ebenfalls mit einer materiellen Form umhüllte, die Allen zur Heimat wurde.

Bei der Geburt ist bereits alles das, was der Einzelne hier auf Erden zu seiner erneuten Verwirklichung braucht, in seinem eigenen Bewusstsein, welches das göttliche ist, vorhanden. Es heißt jedoch, sich dessen erneut bewusst zu werden, will man ein reich erfülltes, harmonisches Leben führen und seine vielfältigen Fähigkeiten und Begabungen weiterentwickeln. Leider erinnert man sich meist weder seiner wahren Herkunft noch seines göttlichen Seins und sucht daher sein Glück außerhalb von sich selbst, dort, wo es nicht zu finden ist.

Da Mensch und Tier als Bewusst-Seins-Licht-Wesen mit einer individuellen Gestalt und unterschiedlich entwickeltem Bewusstsein vom EINEN göttlichen Bewusstsein her abstammen, sind sie alle EINS: »EIN Leben, EINE Seele, EIN Geist, EIN Sein, EINE Substanz, EINE Aktivität, EIN Gesetz.«

Wohl sehnt sich so mancher in seiner Seele danach, sein wahres, ewiges Sein zu erkennen und das Licht in sich wiederzufinden. Ob derjenige wohl tief in seinem Inneren erahnt, dass er mehr ist als ein sterbliches Wesen?

Anmerkung:
Wenn man sich zurückbesinnen könnte, wer man ursprünglich war und in Wirklichkeit ist und sich dessen von Neuem bewusst würde, wäre man imstande, diese tiefe, inzwischen verloren gegangene Erkenntnis zurückzugewinnen, die in der Akasha-Chronik klar aufgezeichnet ist, dann würde man in einem Augenaufschlag das Wunder einer Heilung erleben.

ZWEITER TEIL

JESUS CHRISTUS, GEIST GOTTES

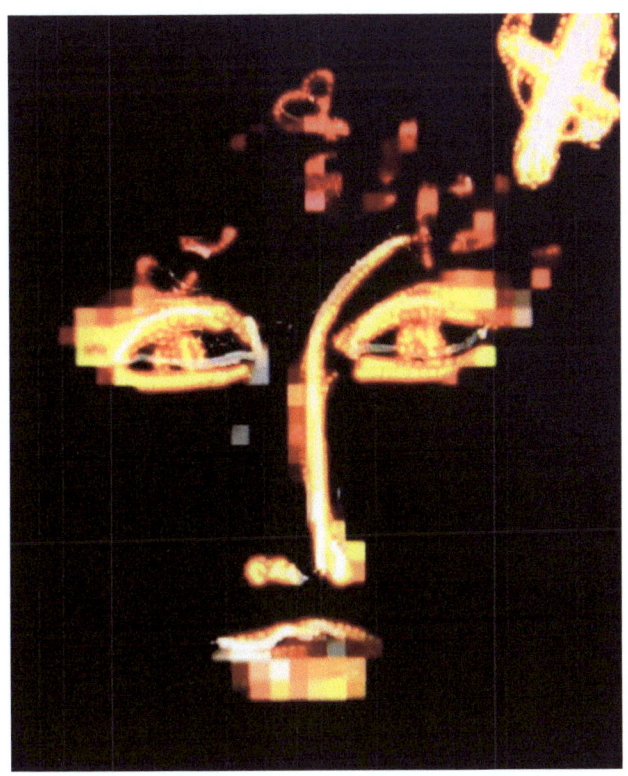

Abbildung 5: Das Gesicht Jesu

JESUS CHRISTUS, GEIST GOTTES

*J*esus Christus ist das höchste, uns bisher bekannte Bewusstsein. ER erschien als reines Licht-Wesen – für das menschliche Auge unsichtbar –, doch durch SEINE Geburt nahm ER menschliche Gestalt an und wurde sichtbar. ER brachte in die Dunkelheit dieser Welt vergessenes Wissen zurück ins göttlich-geistige Bewusst-Sein der Licht-Wesen, die einst zu Menschen aus Fleisch und Blut geworden waren, damit auch sie ihr unsterbliches Leben als Kinder des EINEN Vaters Gott erneut zu erkennen vermochten. Durch SEIN WORT der Liebe wurde das göttliche Licht, welches in allen Menschen meist unbewusst und tief verborgen schlummert, wieder lebendig und bewusst. Mit seiner Geburt und der Verkündigung der Engel: »Euch ist heute der Heiland geboren, welcher ist Christus, der Herr« (Lukas, 2:11) kam das Licht auf die Erde zurück. Der Ruf (aus Jesaja, 60:1): »Mache dich auf, werde licht, denn DEIN LICHT kommt und die Herrlichkeit des Herrn erscheint über dir« eilte IHM voraus.

JESUS, als der Christus, Geist Gottes, war sich SEINER Gottes Sohnschaft voll bewusst. ER, der das Licht war, welches trotz Fleisch und Blut durch ihn hindurch schimmerte und hell leuchtete, lehrte zunächst seine Jünger, bevor ER zu einer größeren Menschenschar sprach. ER gab SEIN Wissen, meist verdeutlicht in Gleichnissen, weiter. SEINE Jünger setzten wiederum nach SEINER Himmelfahrt ihren Auftrag in die Tat um: »Gehet hin in alle Welt und predigt das Evangelium aller Kreatur« (Markus, 16:15) und trugen SEINE Botschaft in die Welt hinaus. Jesus Christus lebte durch sein Leben den Menschen zugleich, auch ihre Geschichte von Empfängnis, Leben, Tod, Auferstehung und Himmelfahrt vor. ER zeigte damit den Weg, den jeder einzelne Mensch »als Bewusst-Seins-Licht-Wesen« gehen wird, wenn seine Zeit hier auf Erden abgelaufen ist und er unbeschädigt ins volle Licht der Liebe weitergeht. Dabei ist es ohne Bedeutung, welche religiöse Auffassung man hat oder nicht hat. Sobald man seine äußere, sterbliche, menschliche Gestalt abgelegt hat, welches man Sterben nennt, wird derjenige sich von Neuem seines Ursprungs als göttliches Bewusst-Seins-Licht-Wesen wieder bewusst.

Dieses Wesen nimmt seine wahre göttlich-geistige Herkunft beim Eintritt durch Geburt in diese Welt nur noch spärlich wahr. Durch die Intensität der äußeren Welt und ihrer Einflüsse, in die das kleine Bewusst-Seins-Wesen hineingezogen wird, gerät das Wissen seiner wahren Identität in ihm in Vergessenheit. Die Angst vor dem Tod tritt früher oder später an dessen Stelle, und da dies nicht Überhand nehmen soll, ist man gewohnt, ihn zu verdrängen.

Gott, der ewig UNENDLICH UNSICHTBARE, bei welchem ist »keine Veränderung noch Wechsel des Lichts und der Finsternis« (Jakobus, 1:17), schuf aus SEINEM eigenen göttlichen Bewusstsein »die Bewusstseins-Wesen«. ER verwirklichte und manifestierte dadurch sich selbst, SEIN EIGENES GÖTTLICHES SEIN. Die Bewusstseins-Wesen huschten zunächst – wie im ersten Teil beschrieben – gestaltlos als lebendige, individuelle Wesen im Dunkeln umher, bis sie das Licht entdeckten. Nach und nach schlüpften sie in menschliche, tierische, vegetarische Gestalten oder Formen von Mineralien hinein, die sie aus vielen einzelnen Teilen zusammengesetzt hatten, und machten sie durch ihr Licht auf diese Weise sichtbar. Das hat Äonen von Jahren gebraucht. In weiteren Äonen umhüllten die Bewusstseins-Wesen ihr Licht mit Fleisch und Blut, dadurch wurden sie lichtundurchlässig und vergaßen ihr wahres Sein. Sie bevölkerten nun mit all ihren unendlich vielen Gestalten und Formen in festen Substanzen die Erde. Eine Erde, die in Wirklichkeit ein ebenso von göttlichem Licht durchdrungener, lebendiger Erdball in fester Form eingebettet ist. Da Fleisch bekanntlich vergänglich ist, mussten sich die Bewusstseins-Wesen zwangsläufig in den Kreislauf von Geburt und Tod einordnen und somit erlebte jeder Einzelne den Tod.

Da das Licht in den Menschen und ihr Wissen um ihre wahre Herkunft als göttliches, geistiges, unsterbliches Bewusst-Sein vergessen war und sie außerdem vergessen hatten, das alles, was um sie herum lebte und existierte, ebenfalls Licht-Wesen, göttlich-unsterbliches Leben und ewiges Sein sind, irrten sie hoffnungslos in DIESER WELT umher, in ständiger Angst und auf der Lauer bereit, ihr äußeres, verletzbares Leben gegen jedwedes Unheil einer vermeintlichen Gefahr zu verteidigen.

Jesus verwirklichte sich bekanntlich durch die Jungfrau mit Namen Maria. Sie empfing IHN, den Geist Gottes – Christus genannt –, unbefleckt als göttliches Licht-Bewusst-Seins-Wesen. In ihr nahm ER körperliche Gestalt aus Fleisch und Blut an und wurde als Jesus, von den Engeln »als Christus, der Herr, verkündet«, geboren. Auch der Mensch als Bewusst-Seins-Licht-Wesen wird unbefleckt empfangen, während zur gleichen Zeit seine äußere körperliche Gestalt von Weiblich- und Männlichkeit gezeugt wird.

Abbildung 6: Die Jungfrau Maria

25

Engel sind reine Licht-Wesen in unterschiedlichen hell-filigran-durchsichtigen Rüstungen, die noch keine menschliche Gestalt aus Fleisch und Blut angenommen haben. Es können aber auch zurückgekehrte Seelen sein, die sich im Erdendasein so weit erhoben und befreit haben, dass sie erneut zu reinen Lichtgestalten wurden. Da Bewusstsein niemals ohne eine äußere Form ist, behielten sie ihre individuelle menschliche Gestalt als Rüstung, für das menschliche Auge unsichtbar. Und doch werden sie in bestimmten Situationen sichtbar wahrgenommen. Bei ihrer Ankündigung von Jesu Geburt konnten die Hirten sie sehen und hören.

Anmerkung:
Der Glaube an Engel war mir fremd, bis ich mich eines Tages in einer Gruppe von Engeln sitzen sah. Es ist nicht nur eine schöne Geschichte in der Weihnachtsbotschaft. ENGEL sind existent.

Mystische Geburt

Dieser Teil SEINER Geschichte der Menschwerdung ist zugleich auch das Erleben von mystisch veranlagten Seelen, welche die unbefleckte Empfängnis des Christus, Geist Gottes, wie einst Maria, in sich selbst, in ihrem Bewusstsein erleben. ER nimmt dort eine tatsächliche Gestalt an und eine innere Geburt wird erlebt. Dann kommt die Anweisung »von innen her«, das innere Erlebte zu verstecken, das heißt, nicht auszuplaudern, da die Gefahr besteht, dass es durch menschliche Anschauungen und Meinungen getötet werden könnte. Schon bald nimmt die mystische Seele das geistige Wesen erst als kleinen, doch dann als starken und kräftigen Jungen wahr, welcher sich ständig weiterentwickelt, bis ER zum jungen Mann herangereift ist. Ja, man wird ihn auch krank und elend oder abgemagert erleben können, wenn man sich nicht genügend Zeit für eine Meditation nimmt und sich auf diese Weise nicht um sein geistiges Kind kümmert und ihm keine geistige Nahrung zuführt. Das erwachsene, göttlich-geistige Christus-Wesen beginnt eines Tages durch »die kleine, stille, innere Stimme« den zu lehren, der nun selbst voll erwacht ist. Das Licht des Christus, welches er im Inneren nun wahrnimmt, kann ihn auch gegebenenfalls zu Gottes Sprachrohr machen.

Es kann passieren, dass derjenige, in dem das Kind geboren und herangereift ist, unerwartet in der Stille der Nacht oder am Tag mit seinem Namen laut gerufen wird. Man ist zunächst verwundert, weil man das nicht erwartet und auch keine Erklärung dafür hat. Wenn es öfters geschieht, erinnert man sich vielleicht an das Wort aus Jesaja, 43:1: »Fürchte dich nicht, denn ich habe dich erlöst; ich habe dich bei deinem Namen gerufen, du bist mein!« Man tut gut daran, wie David, der von Gott einst laut gerufen wurde, zu sagen: »Rede, Herr, dein Knecht hört« (1. Samuel, 3:17), sich aufrecht hinzusetzen und in der Stille zu lauschen. Es kann geschehen, dass etwas völlig Überraschendes und Unerwartetes gehört wird oder »von innen her« ein Gedanke auftaucht und ein Problem, welches man mit sich herumtrug, gelöst wird.

Das göttliche Bewusstsein

Da der Mensch seine ursprüngliche Realität als göttliches Bewusstsein vergessen und sein Wissen davon verloren hat, ist man sich auch nicht mehr bewusst, dass das göttlich-geistige Bewusstsein in seiner ganzen Fülle, alle Liebe, aller Frieden, alles Wissen, alle Erkenntnisse SEINES Schöpfers und geistigen Vaters, Gott, in jedem selbst, dem eigenen Bewusstsein, gegenwärtig vorhanden ist. Alle göttlichen Gaben kann der Mensch aus seinem Bewusstsein hervorholen. Diese Gaben, oft im Traum gegeben, in die Tat umgesetzt, können dem Wohl vieler Menschen zugute kommen und ihnen dienen.

Verwirklichung

Wird ein Bewusst-Seins-Wesen oder eine Seele bereit, durch Geburt von Neuem eine körperliche Gestalt aus Fleisch und Blut anzunehmen, um hier auf Erden zu erscheinen, birgt es in seinem

Bewusstsein die Vorstellung von seiner eigenen vollkommenen, aber auch unvollkommenen Gestalt. Mit der jeweils neuen Gestalt, in der man sich vom Baby bis hin ins reife Mannes- bzw. Frauenalter voll entwickelt, glaubt man das am besten lernen zu können, was man in dieser Verwirklichung lernen und erfahren will. Das jeweilige Bewusst-Seins-Wesen schafft sich also selbst nach eigener Vorstellung die Gestalt seines Körpers und bestimmt sein Geschlecht. Das Geschlecht aber kann in einer der nächsten Verwirklichungen gewechselt werden oder man hält am weiblichen oder männlichen Geschlecht fest, wenn man sich darin besonders wohlgefühlt hat. Muss man sich da wundern, wenn es heutzutage so viele Homosexuelle und Lesben gibt, die ihre Liebsten aus vergangenen Verwirklichungen im selben Geschlecht wie sie selbst auf Erden antreffen, um erneut mit ihnen zusammenzuleben?

Die Gestalt eines jeden Menschen ist bereits in seinem eigenen Bewusstsein vollständig fertig, wenn der Körper von zwei Liebenden gezeugt wird. Sie kann von Hellsichtigen in dem Augenblick wahrgenommen werden, wenn die Empfängnis stattgefunden hat.

> *Anmerkung:*
> *Ich habe zwei meiner Enkel eine Nacht, bevor mir die Mitteilung ihrer Schwangerschaft gemacht wurde, bereits in fertiger Gestalt gesehen. Die Enkelin, 2-jährig im Kinderwagen sitzend, und den Enkel mit etwa 15/16 Jahren in roter Jacke, freudig von der anderen Straßenseite her auf mich zukommend.*

Bewusstsein vergisst nichts, was in dieser oder einer früheren Verwirklichung geschehen ist. Das Bewusstsein birgt in sich die ganze Fülle seiner Erfahrungen, Fähigkeiten und Begabungen aus einer seiner letzten oder mehreren letzten Verwirklichungen, die bisher auf Erden stattgefunden haben. Ja, man ist heute das, was man in vielen vorherigen Verwirklichungen gelernt und erkannt hat und sich auf diese Weise weiterentwickelt hat. Bei der Geburt bringt man all das in die jetzige, neue Verwirklichung wieder mit und fängt bei seiner Menschwerdung dort erneut an, wo man zuletzt aufgehört hat. Manchmal gelingt es einem Menschen in diesem Leben, seine besondere Begabung bis zur Vollkommenheit hin weiterzuentwickeln. Man wundert sich oftmals bei ganz kleinen Kindern, die schon als 2-, 3- oder 4-Jährige ausgereifte Begabungen aufweisen und dadurch ihre Umwelt in Erstaunen versetzen. Leider werden sie manchmal viel zu früh als Wunderkinder verheizt.

Anmerkung:
Bis heute hat die Wissenschaft keine Erklärung dafür, wie Bewusstsein entsteht oder zustande kommt. »Bewusst-Sein ist das, was ICH BIN.«

Jedem Menschen als neuem Bewusst-Seins-Erdenbürger und Gottes eigenem Sein ist eigentlich die Möglichkeit zugedacht, ein Leben in voller Genüge, harmonisch und glücklich zu leben. Leider haben die Menschen selbst Umstände und Situationen geschaffen, die das in manchen Ländern unmöglich macht und damit verhindern wird. Daher sind die Menschen in den reicheren Ländern aufgerufen, den Kindern in ärmeren Regionen zu helfen, um ihnen die Möglichkeit zu geben, damit auch sie ihre Fähigkeiten und Begabungen entwickeln und ein glückliches und erfülltes Leben führen können.

Jedes Individuum hat die freie Entscheidung, sein Leben voll zu nutzen, um sich auf vielen Gebieten weiter und höher zu entwickeln. Man hat aber auch die Möglichkeit, sein derzeitiges Leben zu vergeuden und ungenutzt an sich vorüberziehen zu lassen.

Anmerkung:
»Wer ein langes Leben hat und hat Gott nicht gefunden, dessen Leben war umsonst.« (Januar 1988; David, der Mystiker und Auschwitz-Überlebende; 1935–2009)

Tod und Auferstehung

Jesus Christus hat der Menschheit durch seinen Tod und seine Auferstehung vorgelebt und gezeigt, dass der Tod keine Macht hat. Der vergängliche Körper stirbt meist alt, krank und verbraucht oder wurde auf andere Weise zerstört. So grausam und schrecklich jedweder Tod auch sein mag und manchmal sogar bei einer Explosion nichts mehr von einer menschlichen Gestalt zurückbleibt, wird doch das göttlich-geistige Bewusst-Seins-Wesen, seine Seele, davon weder angetastet noch berührt. Alles göttliche Leben ist zu jeder Zeit intakt.

Anmerkung:
»Weine nicht um die Toten, die es überstanden haben, bemitleide die Lebenden.« (04.10.2005; David, der Mystiker und Auschwitz-Überlebende; 1935–2009)
»ICH, GOTT, BIN der alleinige Herrscher über Leben und Tod. Allen Menschen, denen das Leben genommen wurde, kehren auf diese Erde zurück.« (13.02.2006; David; s.o.)

Stirbt der Körper eines Menschen, verlässt das Bewusst-Seins-Wesen, seine Seele die äußere Gestalt. Seine jetzige Körperform bleibt zur Beerdigung hier auf Erden zurück. Es nimmt nun, für das menschliche Auge unsichtbar, meist seine schönste Gestalt, von einem seiner besten Jahre wieder an. Dann aber kann, für die auf Erden Zurückgebliebenen, die in tiefer Trauer offen für ihn sind, etwas völlig Unerwartetes passieren. Er zeigt sich ihnen in der Gestalt, in der man ihn zu seinen Lebzeiten gekannt hat. Leider wird dieses Geschehen nur von einigen Wenigen angenommen und oft mit den Worten abgetan: »Das kann nicht sein. Das gibt es nicht.«

Anmerkung:
Maria Magdalena hat bekanntlich als Erste den auferstandenen JESUS CHRISTUS nach seinem Tod gesehen. So wie sie, habe auch ich lebend mehrere Dahingeschiedene meiner nächsten Verwandtschaft und entfernteren Bekanntschaft, in oftmals bekannter junger Gestalt, wahrgenommen. Meine Mutter sah ich sogar auf der Fahrt im Auto zu ihr hin, und zwar im gleichen Moment ihres entfernten Ablebens. Jung und schön erschien sie mir und ich hörte sie sagen: »Wir sehen uns alle in Seligkeit wieder.«
Manche von ihnen nahm ich wahr, bevor mich die Nachricht ihres Ablebens telefonisch oder auf dem Postweg erreichte. David, der

Mystiker und Auschwitz-Überlebende zeigte sich mir am dritten Tag
nach seinem Ableben. Jung und gut aussehend stand er plötzlich in der
offenen Balkontür und schaute mich an, sagte aber kein Wort. Er schien
es eilig zu haben, denn er drehte sich wieder um und ging.
Wahrscheinlich wollte er mit seinen Eltern und seiner gesamten Familie
zusammen sein, denen man ihre Körper zerstört hatte, als er drei Jahre
alt war und sie ihn allein zurücklassen mussten.
Sogar das Ableben unseres geliebten Langhaar-Dackels erlebte ich in
Florida morgens, noch im Bett liegend, mit, zehn Minuten bevor ich
telefonisch davon benachrichtigt wurde. Und da ich dies hier schreibe,
fällt es mir wie Schuppen von den Augen, weil ich es genau so, wie es
in der Akasha-Chronik geschrieben steht, erlebt habe: »Die komplette
Hundegestalt war von innen her hell durchleuchtet« und bewegte sich
vom unteren Teil meiner Bettdecke auf mich zu, an meiner Herzseite
vorbei und verschwand über meinen Kopf hinaus.

Das für das menschliche Auge »unsichtbare Leben« des Bewusst-
Seins-Wesens von Mensch und Tier geht in seiner vollständigen
Gestalt unberührt und unzerstört weiter. Denn Bewusstsein ist
niemals ohne eine Form. Meist braucht es drei Tage, um sich von
seiner sterblichen körperlichen Gestalt vollständig abzulösen. Im
Augenblick des Ablösens und Übergangs ins Unsichtbare wird sich
derjenige seiner wahren Herkunft voll bewusst. Er erkennt, dass er in
Wirklichkeit eine individuell-göttlich-geistige Licht-Gestalt in einer
filigranen, hell durchleuchteten Rüstung ist und er bisher in einer
menschlichen Gestalt aus Fleisch und Blut, lichtundurchlässig auf
Erden gelebt hat und sie dort nun zurücklässt. Diejenigen jedoch, die
auf Erden wenig oder gar kein Licht gesammelt haben, bleiben in der
Dunkelheit, die man sich auf Erden geschaffen hat – während die
anderen, die auf Erden dem Licht des Christus gefolgt sind, den Weg
ins Licht finden. Man bleibt wohl im Unsichtbaren noch einige Zeit
nahe der Erde, bis man in die andere Dimension weitergeht, wie Jesus
Christus es mit seiner Himmelfahrt vorlebte und vor den Augen
seiner Jünger verschwand. Er verschwand im Unsichtbaren, doch der
göttliche Geist, CHRISTUS, ist allgegenwärtig.

Prinzipien und Heilung

Jesus Christus lehrte die Nächstenliebe im Wissen, dass jeder Mensch dieser Erde in menschlicher, individueller Gestalt ein göttlich-unsterbliches, ewiges Sein ist. Er wies immer wieder auf Gott als SEINEN, deinen und meinen, ja, unser aller Vater hin und sagte: »Und sollt niemand Vater heißen auf Erden, denn EINER ist euer Vater, der im Himmel ist« (Matthäus, 23:9), und ER sprach von »meinem Vater und eurem Vater«.

Mit seinen göttlichen Aussagen lehrte und offenbarte ER »Prinzipien«, welche nicht nur schöne Worte sind, die man gerne hört oder liest. Es sind Worte, die auch von Propheten stammen können und Lebenshilfen sind. Bei Problemen angewandt, helfen sie, sich von allem Geplagten zu befreien oder die nötigen Entscheidungen richtig zu treffen. Die Prinzipien stellen die Verbindung des eigenen Daseins zur göttlich-geistigen, inneren Realität wieder her, die dann in uns und durch uns wirken. Wunden, welcher Art auch immer, beginnen zu heilen und lösen sich auf.

Gott hat die Probleme dieser Welt, welcher Art auch immer, nicht geschaffen. Jesus Christus ließ uns deutlich wissen: »Mein Reich ist nicht von dieser Welt.« (Johannes, 18:36) Hätte Gott die Krankheit, die in vielerlei Formen erscheint, je geschaffen, wäre eine Heilung nicht möglich und das Übel würde niemals mehr verschwinden. Es ist also ein »unpersönliches« Problem von DIESER WELT, welches man unbewusst in sich aufgenommen hat. Daher ist es wichtig, zum Wächter seines eigenen Bewusstseins zu werden, aufzupassen, was man in seinem Bewusstsein annimmt und akzeptiert. Das geistige Gesetz: »Was man sät, wird man ernten« ist zu jeder Zeit in Kraft und wirksam.

In den meisten Fällen nimmt das menschliche Bewusstsein ein Problem als »sein Problem« an, vor allem, wenn es die Gesundheit betrifft. Man ordnet es sich persönlich zu und spricht von »meiner Erkältung«, von »meinem hohen oder niedrigen Blutdruck«, von »meiner Diabetes« usw. und hat sich damit vollständig mit dem Problem identifiziert und konzentriert sich nun darauf. Dadurch gibt man der Erscheinung Macht, sich auszuleben. Man versucht zunächst, »sein Problem« selbst anzugehen. Bessert es sich nicht, versucht man es, durch einen Arzt und medizinische Verordnungen unter Kontrolle zu bringen und hofft dadurch, es so schnell wie möglich wieder loszuwerden. Manches Problem aber hat sich zu dem Zeitpunkt schon fest in seinem Bewusstsein eingenistet und Wurzeln geschlagen. Nun kommen Ängste hinzu, sodass sich durch sein Ankämpfen der Zustand meist weiter verschlimmert und man sich restlos ausgeliefert und von ihm gefangen sieht. Oft werden weitere medizinische Behandlungen oder gar eine Operation notwendig. Sein wahres, göttlich-geistiges, inneres Sein aber hat sich verdunkelt und man ist nicht mehr imstande, sich darauf zu besinnen.

So mancher, der einer Kirche oder christlichen Gemeinschaft angehört, sucht in seiner Not nun auch dort Hilfe. Man bittet, für ihn zu beten, Gott möge seine Krankheit heilen. Einen aber mag es geben, der sich besinnt und anfängt, das schwerwiegende Problem als »Stolperstein« anzunehmen. Er ist nicht länger gewillt, nur an der Oberfläche zu plätschern, sondern tiefer in sich selbst einzutauchen und nach dem göttlichen Licht in sich selbst zu suchen. Die Gnade Gottes wird demjenigen zuteil, der diesen Weg eingeschlagen hat und sich »zurück ins Vaterhaus« nach innen hin besinnt. Jesus Christus hat darauf mit den Worten hingewiesen: »Das Reich Gottes ist inwendig in euch.« (Lukas, 17:21) Vielleicht entdeckt dieser auch die »Prinzipien«, das Wort Gottes, von Jesus Christus oder den Propheten geäußert, nutzt und setzt diese Worte dem Problem entgegen, sobald es im Bewusstsein auftaucht. Es ist ohnehin meist nutzlos, über seine Probleme nachzugrübeln oder im Äußeren bei Verwandten, Freunden oder Bekannten um Rat zu fragen und nach einer Lösung zu suchen. Die Lösung ist nicht außerhalb vom eigenen Selbst, sondern nur in seinem eigenen Bewusstsein zu finden. Wendet man die Prinzipien aktiv an, vertraut völlig Gottes liebender Gegenwart, befreit man sein Bewusstsein von den Vorstellungen einer rein äußeren, materiellen Welt. Derjenige atmet auf, fühlt sich befreit und ist glücklich. Das Licht des Christus leuchtet klar aus seinem Bewusstsein heraus – was man auch geistige Heilung nennt.

Einzelne Prinzipien

a) Furcht und Angst:
»Fürchte dich nicht, ICH BIN bei dir.« (Jesaja, 41:10)

»ICH BIN dir näher als der Atem, näher als Hände und Füße, näher als die Halsschlagader.« (Joel)

»ICH will dich nicht verlassen, noch versäumen.« (Hebräer, 13:5)

b) Entscheidungen:

»Deine Gnade ist mir Genüge in allen Dingen.« (1. Korinther, 8:9)

»Nicht mein Wille, sondern dein Wille geschehe.« (Lukas, 22:42)

»Verlass dich auf den Herrn, verlass dich nicht auf deinen Verstand, gedenke an IHN in allen deinen Wegen, so wird er dich recht führen.« (Sprüche, 3:5, 3:6)

c) Geldprobleme:

»Die Erde ist des Herrn und was darinnen ist.« (Psalm, 24:1)

»Sohn/Tochter, du bist allezeit bei mir und alles, was mein ist, ist dein. (Lukas, 15:31)

d) Reisen:

»Du gehst vor mir her und machst die krummen Wege eben.« (Aus den Sprüchen Salomos)

»Du lässt deine Engel vor mir hergehen, dass mein Fuß nicht an einen Stein stoße.« (Psalm, 91:1)

e) Schwere Aufgaben:

»ER vollführt, was mir aufgetragen ist, zu tun.« (Hiob, 23, 14)

»Ich kann nichts aus mir selber tun, der Vater, der in mir ist, der tut die Werke.« (Johannes, 5:30)

f) Unliebsame Personen:

»Fürchte (euch) dich nicht, ICH BINS.« (Matthäus, 14:27)

»Meinen Frieden gebe ich (euch) dir, nicht meine Kritik.« (Johannes, 14:27)

g) Frieden:

»Du hältst den in vollkommenem Frieden, dessen Geist auf dich gerichtet ist.« (Jesaja, 26:3)

h) Krankheit:

»Nichts kann auf den geistigen Menschen eindringen und für ihn zum Gesetz werden.« (Joel)

»Darum sollt ihr vollkommen sein, gleich wie euer himmlischer Vater vollkommen ist.« (Matthäus, 5:48)

DIE AKASHA-CHRONIK
UND CHRISTUS BOTSCHAFT

*J*ESUS CHRISTUS hat mehrfach zum Ausdruck gebracht: »Ich kann nichts aus mir selber tun, der Vater aber, der in mir ist, der tut die Werke.« (Johannes, 5:30) Im Allgemeinen wird von ihm gesprochen als dem EINZIGEN SOHN GOTTES. Man hebt IHN hoch auf einen Sockel, betet IHN an und verehrt IHN und vergisst sogleich den, der IHN gesandt hat, den ewig UNENDLICH UNSICHTBAREN, den Schöpfer des Himmels, der Erde und allem Sein.

Bis heute erheben Christen den alleinigen Anspruch auf die Nachfolge von Jesus Christus und die einzig richtige Auslegung SEINER Lehre. Sie wählen einen Menschen als Nachfolger und Nachfolger und Nachfolger, dem jeweils alle Macht gegeben ist und der das Recht hat zu bestimmen, was gelehrt und festgelegt wird, seine Gläubigen zu glauben und danach zu leben haben. Dadurch aber hat man sich fest eingemauert. Man ist jedoch zur Ökumene bereit und übt sie gemeinsam mit anderen gläubigen Christen bei vielen wichtigen Anlässen aus.

Diejenigen, die es lehren, dürfen nicht von dem abweichen und grenzen sich somit von anderen Gläubigen strikt ab. Die Gläubigen selbst bekämpfen sich oft erbittert untereinander, weil jeder glaubt, nur man selbst habe die Bibelauslegung recht verstanden. Es wird jedoch vergessen: Gott ist ein lebendiger Gott, der nicht nur damals, sondern auch heute noch immer durch SEINE göttlich erschaffenen Bewusst-Seins-Wesen in menschlicher Gestalt, »dessen Geist auf IHN gerichtet ist«, zu wirken vermag. Das Wirken Gottes endet nicht mit der Lehre vom Alten und Neuen Testament.

Das göttliche ICH BIN

Jesus Christus war bekanntlich ein Jude und kannte als Rabbi das Geheimnis des göttlichen »ICH BIN«, welches eigentlich den Hohen Priestern vorbehalten war und das allein nur sie wissen durften. ER gebrauchte das ICH BIN, wenn ER als göttliches Bewusstsein von Gott sprach. Das menschliche Bewusstsein ordnete jedoch seine Aussagen dem Jesus, seinem persönlichen, menschlichen »ich bin« zu, von dem er aber NIE sprach. Aus diesem Unwissen heraus wurde in der Vergangenheit bei der Christianisierung mit großer Überheblichkeit, Hochmut und Intoleranz gedacht, geredet und brutal vorgegangen und hat Tod und viel Leid über Völker anderen Glaubens und ihre Menschen gebracht.

Gott gab jedem Bewusst-Seins-Wesen SEINEN eigenen Namen, das göttliche »ICH BIN«, welches als göttlich-liebendes gegenwärtiges Licht im tiefsten Inneren eines jeden ewigen Seins und unsterblichen Lebens gegenwärtig und untrennbar mit Gott, dem Ursprung allen Lebens, verbunden ist. Jeder Mensch kommt als ein göttliches ICH BIN auf die Erde und sagt: »Ich bin«, … wenn man seinen Namen nennt und damit sein individuelles, persönliches »Ich« meint, welches von menschlichen Eltern gezeugt und in ihre Familie hineingeboren wurde. Man lernt nun, sich kräftig zu behaupten und dadurch sein Ego stark zu machen. Doch da man den Zugang zu seinem Inneren, seinem wahren Selbst meist verloren hat, kann es passieren, dass man im Leben scheitert oder an schweren Schicksalsschlägen zerbricht. Jedoch gilt es, sich zu entscheiden, ob man liegen bleibt, seinen Zustand akzeptiert, jammert und klagt oder wachgerüttelt aufsteht und nach dem Licht in sich selbst sucht.

Dann aber wird bei dem Sucher das persönliche kleine »Ich« demütig zur Seite treten, damit die Realität seines wahren göttlich-geistigen »ICH BIN«, die liebende Gegenwart Gottes, das Licht, welches er mehr und mehr wahrnimmt, durch ihn hindurchschimmern kann. Es ist ein Erwachen aus tiefem Schlaf. Von Gottes Gnade angetrieben, wird derjenige das Ersehnte, das seinem jetzigen Verständnis entspricht und seinem Bewusstseinszustand gemäß ist, die für ihn richtige Lehre und damit innere Ruhe und Frieden finden.

Die Auferstehung von Jesus Christus wurde IHM, dem Jesus allein, als »einmalige Erscheinung« zugeordnet. Zwar fragt man sich: »Gibt es ein Leben nach dem Tod?« Und tröstet sich mit dem Satz: »Hernach werde ich es erfahren« und weiß nicht mehr, dass man es schon so viele Male erlebt hat, es jedoch bei seiner erneuten Verwirklichung in Vergessenheit geraten ist. Man hört heutzutage manche Menschen von ihren Nahtod-Erlebnissen berichten, doch die davon hören, sind eher gewillt, dies nicht ernst zu nehmen, es als Kuriosität hinzustellen, zu verneinen und als Unsinn abzutun.

Bis zum heutigen Tag gibt man hingegen von Jesu Kreuzestod die Bedeutung und lehrt: »Jesus ist für unsere Sünden am Kreuz gestorben.« Sogleich wird hinzugefügt: »Wenn man nicht an ihn glaubt, ist man verloren und der Weg zu Gott ist nach seinem Ableben versperrt.« Sünden aber sind Verfehlungen, die meist durch unbewusstes Tun geschehen und dadurch die Möglichkeit gegeben ist, sein Fehlverhalten zu erkennen und dazuzulernen. Wäre sich derjenige bewusst gewesen, was er in dem Augenblick dachte, sagte und tat, hätte er sich wahrscheinlich anders verhalten. Jesus Christus bat noch am Kreuz hängend, seinen Peinigern zu vergeben und betete: »Vater, vergib ihnen; denn sie wissen nicht, was sie tun!« (Lukas, 23:34) So beten auch wir im VATERUNSER: »Vergib uns unsere Schuld, wie auch wir vergeben unseren Schuldigern.«

Gläubige Christen meinen oft, den von Jesus Christus »unpersönlich« gesprochenen Satz, der auf Gott hinweist: »ICH BIN der Weg, die Wahrheit und das Leben, niemand kommt zum Vater, denn durch mich.« (Johannes, 14:6), in alle Welt hinausposaunen zu müssen. Sie vergessen, wenn JESUS CHRISTUS vom »ICH BIN« gesprochen hat, sprach ER von Gott. Die Aussage: »niemand kommt zum Vater, denn durch mich« gilt dem Geist Gottes, welcher durch Jesus, als »der Christus« auf die Erde kam. Daher ist man sich nicht bewusst, mit dieser unverstandenen Aussage bei anderen religiösen Auffassungen großen Unwillen auszulösen, der zu Widerstand und weit Schlimmerem anwachsen kann.

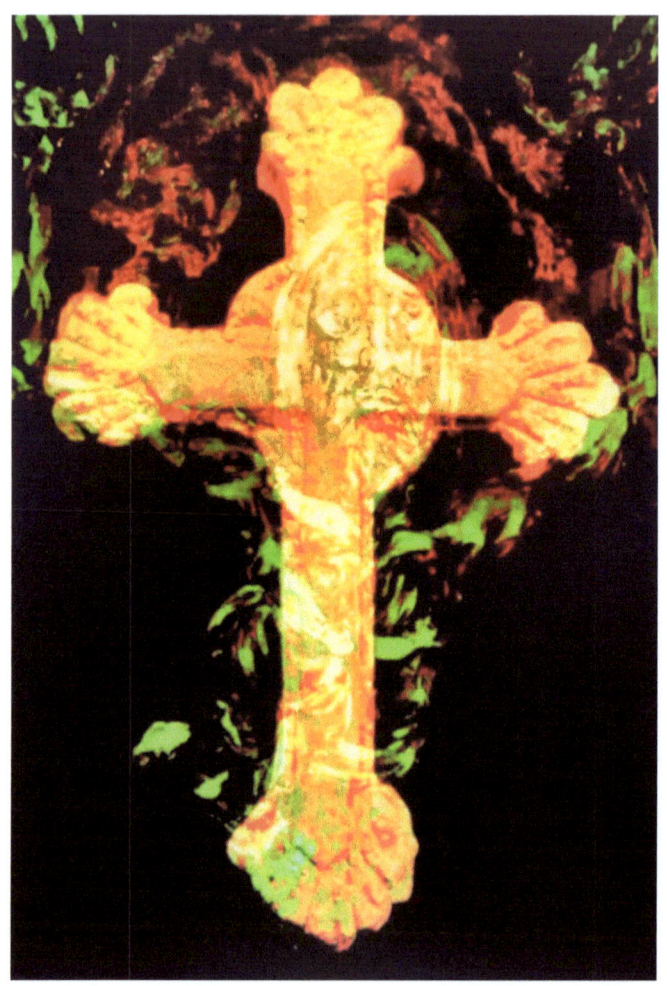

Abbildung 7: Jesu Kreuz – das Kruzifix

Anmerkung:
Das Holzkreuz, an dem Jesus Christus gehangen hat, nahm bei SEINER Abnahme das Christuslicht in sich auf und wurde selbst zu Licht und leuchtete hell hindurch. Dies wurde dem Maler Plamen Kapitanski offenbart und er malte es.

Es wird auch akzeptiert, nur wer getauft ist und an Jesus Christus glaubt, erhält das ewige Leben. Es geriet jedoch in Vergessenheit, dass es nur EIN LEBEN gibt und dass dieses Leben das göttliche Leben ist, welches unendlich, unsterblich und EWIGES SEIN ist. Dieses Leben gibt sich eine äußere Gestalt und ordnet sich in den Kreislauf von Geburt und Tod ein. Es lebt sein Leben in allen Gestalten und Formen hier auf Erden. Doch oft bleibt man bei der alten Auffassung stehen und so mancher starrt voller Angst und Zweifel auf das Kreuz.

Verirrungen

In der heutigen, aufgeklärten Zeit besagt die christliche Lehre vielen Menschen nichts mehr. Sie treten aus der Kirche aus, feiern aber die christlichen Feiertage Weihnachten und Ostern noch mit, kennen deren Bedeutung aber meist nicht mehr. Ansonsten freuen sie sich über arbeitsfreie Feiertage. Viele suchen nun »ihr Glück« im Zuhause, Zeit mit der Familie, Freunden und Enkeln. Für viele Andere sind Liebe, Essen, Sex, Gesundheit, Sport, Bildung eine sinnvolle Tätigkeit oder soziale Sicherheit am wichtigsten. Einige suchen den Erfolg, um mit Geld mehr Macht und Freiheit zu erringen. Und Feinfühlige verwirklichen sich durch Musik und Kunst und beglücken mit ihren Begabungen andere Menschen. Jeder versucht auf seine Weise, dem Leben einen Sinn zu geben. Oft merkt man jedoch nicht, dass man sich weiter und immer weiter vom eigenen inneren Licht-Sein und von dem, was Jesus Christus vorgelebt hat, entfernt. Man ist sich seines unsterblichen Lebens und ewigen Seins nicht mehr bewusst und weiß daher auch nicht, dass man sich hier und jetzt schon sein zukünftiges Leben selbst baut.

Mit der Gottes Ferne hat der Mensch als Bewusst-Seins-Wesen sich abartige Dinge einfallen lassen und durch Experimente ausprobiert, um sein, wie er glaubt, »einmaliges Leben« hier auf Erden länger zu erhalten. Mit Schönheitsoperationen im Gesicht, an den Brüsten, durch Fettabsaugen an Bauch und Po fängt es an. Aus Unwissen oder falsch verstandener christlicher Nächstenliebe heraus stimmt so mancher freiwillig zu und spendet seine Organe, die im gegebenen Augenblick, von Ärzten ihm als »tot Erklärten«, lebend aus seinem Körper herausgeschnitten und in den Körper eines Unbekannten eingepflanzt werden, damit dieser »nach seinem Tod« die Chance habe, auf Erden länger als er selbst noch zu leben. Damit unterzieht man sich aber einer Prozedur, die man sich besser nicht wünschen sollte, denn das unsichtbare, unsterbliche Bewusstsein erlebt den Vorgang spürbar mit.

> *Anmerkung:*
> *»Verlängere dein Leben nicht künstlich, denn ICH (Gott) habe aus gutem Grund dem Leben Grenzen gesetzt.« (Oktober 2008; David, der Mystiker und Auschwitz-Überlebende; 1935–2009)*

Eine Gruppe verlangt sogar, »den Zeitpunkt seines Todes« selbst zu bestimmen, wenn man sein Leben nicht mehr »als wert zu leben« erachtet, und fordert ein Gesetz, sich auf Wunsch von einem Bevollmächtigten schmerzfrei töten zu lassen. Möglichkeiten, den Tod selbstbestimmend zu erleben, gibt es in Nachbarstaaten heute schon. Ein Selbstmord wird zwar von seinen Angehörigen und Freunden bedauert, doch akzeptiert.

Außerdem darf die Frau selbst entscheiden, ob sie das Kind will, was sie erwartet, sein Fötus in ihr leben oder nicht leben darf. Ein Slogan wurde geprägt: »Mein Bauch gehört mir.« So manche Schwangere lässt das Ungeborene bei dem kleinsten sichtbar festgestellten körperlichen Makel ohne große Gewissensbisse abtreiben und die äußere unfertige menschliche Gestalt in den Abfall werfen. Es gibt Frauen, die jedoch ihre Sternenkinder beerdigen lassen und die Gräber aufwendig mit Engelsfiguren schmücken. Eine gläubige Frau wird einer Abtreibung nicht zustimmen und sich wehren, ihr Kind mit körperlicher Behinderung loszuwerden. Sie ist bereit, auch dieses Kind als »ein Geschenk von Gott« anzunehmen und es zu lieben. Oftmals ist ihr gerade solch ein Kind das Liebste und wird zum Segen für sie und ihre Familie.

Die Frau, die sich zur Abtreibung entschlossen hat, ahnt meist nicht, was sie sich selbst damit antut. Sie zerstört etwas, was zu ihr gehört hätte. Sie entzieht damit zugleich ihrer eigenen Lebenskette ein Glied, welches zu irgendeinem Zeitpunkt in ihrem Leben notwendig gewesen wäre. Es ist nicht absonderlich, wenn so viele Frauen in den Altersheimen Tag und Nacht schreien, weil sich ihr Gewissen regt und dies wiederum körperliche Schmerzen verursacht, sodass man sie mit einer Unzahl von Pharmazeutika ruhig stellen muss. In diesem letzten Lebensabschnitt fürchtet so manche Frau in Todesangst die Strafe Gottes und vielleicht auch, in der Hölle zu landen.

Ja, der Mensch entfernt sich immer weiter vom göttlichen Licht, welches Jesus Christus vor mehr als 2.000 Jahren in DIESE WELT hineinbrachte. Man erklärt sich selbst zum Atheisten, lehnt Menschlichkeit und Nächstenliebe ab, hat Spaß daran, sich über diejenigen lustig zu machen, die sich dafür einsetzen. Es werden immer mehr, die nicht gewillt sind, Menschen mit anderer Hautfarbe, anderer Sprache, anderen Sitten und Gebräuchen und schon gar keinen mit anderer Religion im eigenen Land zu dulden, obwohl man sich selbst längst vom Glauben verabschiedet hat. Die übelsten Nachreden werden erfunden und eine Fahne mit dem Aufdruck hochgehalten: »Selbsterhaltung ist das oberste Gebot menschlicher Natur«, läuft in Scharen laut grölend hinter der Fahne her und ruft rassistische Parolen. Aus purem Fremdenhass heraus ist mancher sogar bereit, Gewalt anzuwenden, mit Baseball-Schlägern andere Menschen krankenhausreif zu schlagen, ihnen mit Springerstiefeln schwerste Verletzungen zuzufügen, vermummt Häuser von Fremden anzuzünden und gewissenlos den Tod unbekannter Unschuldiger in Kauf zu nehmen. Mit ihrer Haltung verbreiten sie Angst und Schrecken und erinnern an vergangene, grauenvolle Zeiten unserer deutschen Geschichte. Diese niederen Bewusst-Seins-Wesen kamen im gleichen dunklen Bewusstseins-Zustand wie in ihrer letzten Verwirklichung auf die Erde zurück, und zwar dorthin, wo schon der Boden für sie bereitet war.

Jeder Mensch, ob arm oder reich, kann nur sein Bewusstsein leben und das zum Ausdruck bringen, was sich darin in vielen Verwirklichungen angesammelt hat. Es ist wunderbar, wenn er sich bemüht, ständig hinzuzulernen und nicht dort verharrt, seinen alten Bewusstseins-Zustand aufrechterhält und ihn immer und immer wieder von Neuem in gleicher Weise hier auf Erden lebt. In einer

Gesellschaft, die sich weiterentwickelt hat, können niedere Bewusst-Seins-Wesen dann nicht mehr zum Zuge kommen, wenn die Anderen, die aus Vergangenem gelernt haben, wachsam sind, das nicht dulden und sie in ihren Grenzen halten. Vor allem ohne Angst, ihnen entgegentreten.

> *Anmerkung:*
> *»Ihr lebt in einer Scheinsicherheit, die anderen rüsten schon gegen das Christentum auf. SEID WACHSAM! Die Nazis erreichen sonst im Nachhinein ihr Ziel, den angeblich jüdischen Gott durch einen Naturgott zu ersetzen, und das darf nicht sein, sonst bricht die Ordnung im Weltall zusammen, die ICH, Gott, geschaffen habe. HALTET AM CHRISTENTUM FEST. Es käme zur größten Katastrophe, wenn die Anderen siegen würden.« (29.03.2006: David, der Mystiker und Auschwitz-Überlebende; s.o.)*

Die Regierenden vieler reicher europäischer Länder haben in der heutigen Zeit hohe Stacheldrahtzäune um ihr Land mit großem Eifer und Elan und ohne große Proteste aus der Bevölkerung hochgezogen, und zwar in dem Augenblick, als Asyl-Suchende aus fremden Ländern vor Krieg, Bomben und Zerstörung Schutz bei ihnen suchten. Bekanntlich hat ein anderes Land schon vor ihnen hohe Mauern zur Abschirmung von unerwünschten Fremden gebaut. Die Zäune und Mauern lassen sie nun von ihren eigenen Soldaten mit Kalaschnikows bewachen und sind sogar bereit, auf Menschen zu schießen, falls sie es wagen sollten, durchzubrechen.

Man hat in Ländern der Europäischen Union sich so weit von Menschlichkeit entfernt, dass man nur noch bereit ist, für die eigene Bevölkerung zu sorgen, nicht aber gewillt, von dem abzugeben und das zu teilen, was der ewig UNENDLICH UNSICHTBARE, Gott, für alle seine Bewusst-Seins-Wesen geschaffen hat. So verschwindet ein Volk nach dem anderen immer mehr im Dunkeln und ist sich seines Licht-Wesens nicht mehr bewusst.

Die heutigen tiefgreifenden Veränderungen, die nicht nur in der großen weiten Welt, sondern auch in Europa deutlich sichtbar werden, rütteln jedoch so manchen wach, geben Anstoß, sich zu besinnen, nachzudenken und neu zu orientieren. Es zeigt aber auch offen, wie gespalten unsere Gesellschaft ist, und man sieht sich gezwungen, sich auf die positive oder negative Seite zu schlagen, die deutlich zeigt, ob man etwas aus der Vergangenheit gelernt hat oder nicht.

Die Menschen sind sich nicht bewusst, dass sie durch ihr Fehlverhalten noch viel mehr an Grausamkeiten, Tod, Leid und Elend, die man sich bisher kaum vorzustellen wagte, zu sich heranziehen und über sich bringen, bis sie wachgerüttelt aufwachen und sich auf Menschlichkeit, Brüderlichkeit und Nächstenliebe besinnen und das CHRISTUS-Licht, den Geist Gottes in jedem Nächsten zu erkennen vermögen. Die göttliche Allgegenwart ist jedoch immer wieder bereit, seinen Geschöpfen weiterzuhelfen.

 Nächstenliebe

> *Anmerkung:*
> *»ICH werde allen Ungläubigen beweisen, dass ICH der all-mächtige, all-wissende und all-liebende Gott des Himmels und der Erde BIN.«*
> *(29.05.2006; David, der Mystiker und Auschwitz-Überlebende; s.o.)*

Im Laufe der Jahrhunderte haben sich viele Hilfsorganisationen formiert und bekannte, vertrauenswürdige Namen erworben. Sie rufen immer wieder zu Geldspenden auf, sammeln es ein, stecken es in bestimmte Projekte und bewirken damit viel Gutes. Tausende von freiwilligen und ehrenamtlichen Helfern sind täglich am Werk. Ihnen allen gebührt Dank und höchste Anerkennung für ihren unermüdlichen Einsatz der Nächstenliebe. Sie werden das ernten, was sie an Liebe gesät haben.

Gläubige Menschen folgen der Lehre von Jesus Christus. Sie gehen zur Kirche, lassen ihre Kinder taufen, christlich erziehen und sprechen das Morgen-, Abend- und Tischgebet. Aus diesen, aber auch aus anderen Kreisen setzen sich heutzutage viele junge Menschen mit Energie und Hilfsbereitschaft für Flüchtlinge ein, die vor Bomben fliehen und gefährliche Bootsfahrten übers Meer wagen. Für Menschen, die in großer Not Unterkunft und Hilfe in fremden

Ländern suchen und sich zukünftig ein erfülltes Leben dort erhoffen. Man kümmert sich im Land aber auch um Alte, Kranke, Obdachlose und andere Hilfsbedürftige, hat Tafeln eröffnet, zu Kleiderspenden aufgerufen und Kleiderkammern für sie und die Flüchtlinge eingerichtet. Einige beten nicht nur für ihr eigenes Wohlergehen und das ihrer Familie, sondern gedenken im Gebet auch bewusst all derer, die in Not sind. Sie alle bringen durch ihre Selbstlosigkeit und ihren Einsatz Nächstenliebe zum Ausdruck und vergrößern in sich selbst das Licht der Liebe.

Es gibt aber auch diejenigen, die bewusst in Demut und großer Hingabe das Christus-Licht in sich selbst in hohem Maße wahrnehmen. Sie halten es in ihrem Innern wach, leben die christliche Botschaft aktiv, verkünden sie und weisen unermüdlich auf Gottes liebende Gegenwart und seinen Frieden hin. Diese praktizierenden Christen könnte man »die Jünger Jesu« nennen. Sie lassen sich nicht verdunkeln, sondern sorgen dafür, dass das Christus-Licht, welches in allen Menschen als Bewusst-Seins-Licht-Wesen gegenwärtig ist, allezeit hell leuchtet. Gott segnet alle seine geliebten Bewusst-Seins-Licht-Wesen in aller Welt, als SEIN eigenes göttlich-geistiges, unsterbliches Leben und ewiges Sein, welcher Hautfarbe, Rasse, Nationalität oder religiöser Auffassung sie auch angehören und was sie getan haben mögen.

Möge die AKASHA-Chronik ein klein wenig dazu beitragen, die Botschaft von Jesus Christus im göttlich-geistigen Licht zu sehen und auch die Erkenntnis zurückzubringen, dass das wahre Sein eines jeden Menschen – als auch von allem Leben auf dieser Erde – ein unsterbliches Bewusst-Seins-LICHT-Wesen ist, in welcher individueller äußerer Gestalt oder Form er oder sie auch immer sein mögen.